數學素養題型 八下解答

由貼近生活的科普文章轉化成數學題組
符合108課綱精神的數學素養學習教材

數感實驗室／編著

MATHEMATICAL LITERACY

目錄 CONTENTS

UNIT 1

數列與級數

UNIT 2

函數

UNIT 3

三角形的基本性質

UNIT 4

平行與四邊形

第一單元

【數學知識檢核】

- **等差數列**

① 142

若黑色六邊形有 n 個，則白色六邊形有 $6+4(n-1)$ 個。

將 $n=35$ 代入 $6+4(n-1)$ 中，得 $6+4\times(35-1)=142$

② C

數列 $1, 2, 3, 4, 5, \cdots\cdots, 100$ 刪去 2 的倍數後，

得到由奇數所組成的新數列 $1, 3, 5, 7, 9, \cdots\cdots, 99$，

所以新數列為一個等差數列，公差為 2，共有 50 項。

③ 13

依題意，小明每天背的英文單字數量成等差數列，其中首項為 5，公差為 2

故第 5 天背的英文單字數量為 $5+2\times(5-1)=13$

④ A

因為這三數成等差數列，所以 □ 為 $a+5b$ 與 $5a-b$ 的等差中項。

故 $\square=\frac{[(a+5b)+(5a-b)]}{2}=\frac{6a+4b}{2}=3a+2b$

⑤ -1

$6+2a$ 為 $7+3a$ 和 $9+5a$ 的等差中項，

故 $(7+3a)+(9+5a)=2\times(6+2a)$

$\Longrightarrow 16+8a=12+4a$

$\Longrightarrow 4a=-4$

得 $a=-1$

- **等比數列**

① 45

第 5 項 = 首項 × (公比)^4 = $\frac{5}{9}\times(-3)^4=45$

② -42

$x+2$ 為 $x+10$ 和 $x-8$ 的等比中項，

故 $(x+2)^2=(x+10)(x-8)$

$\Longrightarrow x^2+4x+4=x^2+2x-80$

$\Longrightarrow 2x=-84$

得 $x=-42$

③ C

由數列前 2 項，可得公比 $r=\frac{27}{81}=\frac{1}{3}$

故 $a=9\times\frac{1}{3}=3$

④ 16

因為第 4 項 = 第 3 項 × 公比

假設此等比數列得公比為 r，可推得 $r=\frac{-64}{16}=-4$

又第 12 項 = 第 10 項 × (公比)^2

故第 12 項是第 10 項的 $r^2=(-4)^2=16$ 倍。

⑤ 81

此等比數列中，首項為 3，第 3 項為 9

假設其公比為 r，可得出 $9=3\times r^2$，即 $r=\pm\sqrt{\frac{9}{3}}=\pm3$

因為公比為正，取 $r=\sqrt{3}$，可推得 $a=3\times\sqrt{3}=3\sqrt{3}$，$b=3\times\left(\sqrt{3}\right)^3=9\sqrt{3}$

故 $a\times b=3\sqrt{3}\times9\sqrt{3}=81$

- **等差級數**

① D

此等差數列中，首項為 2，公差為 3，可推得第 20 項為 $2+(20-1)\times3$

故此等差數列前 20 項和 $=\frac{[2+2+(20-1)\times3]\times20}{2}$

② $187\frac{1}{2}$

此等差數列中，首項為 2，公差為 $3\frac{1}{2}-2=\frac{3}{2}$

假設末項 23 為第 n 項，可得出 $23=2+(n-1)\times\frac{3}{2}$，即 $n=(23-2)\times\frac{2}{3}+1=15$

故此等差級數 $=\frac{(2+23)\times15}{2}=\frac{375}{2}=187\frac{1}{2}$

③ 112

依題意，此音樂廳每排座位的位子數，成一等差數列，其中首項為 10，公差為 2，項數為 7

故此音樂廳共有 $\frac{[10+10+(7-1)\times2]\times7}{2}=112$ 個位子。

④ 319

依題意，此等差數列首項為 14，公差為 3，項數為 11

故全體成員的年齡總和 $= \frac{[14+14+(11-1)\times 3]\times 11}{2} = 319$

⑤ B

依題意，此圖形每一行的數量，形成一等差數列，其中首項為 1，公差為 2

(A) 前 5 項和 $= \frac{[1+1+(5-1)\times 2]\times 5}{2} = 25$

(B) 前 7 項和 $= \frac{[1+1+(7-1)\times 2]\times 7}{2} = 49$

(C) 前 9 項和 $= \frac{[1+1+(9-1)\times 2]\times 9}{2} = 81$

(D) 前 10 項和 $= \frac{[1+1+(10-1)\times 2]\times 10}{2} = 100$

【安排賣座電影的場次】

影音詳解：

1.　是

因為 09：30 開演，且提前 5 分鐘開放觀眾入座，所以這場開放觀眾入座的時間比 09：30 早 5 分鐘，也就是 09：25

2.　D

因為 09：30 開演後，會先播放 3 分鐘的廣告，所以開始播放《蜘蛛人：無家日》的時間為 09：33

又全片總長為 148 分鐘，即 2 小時 28 分鐘，故全片播完的時間為$(9+2)$時$(33+28)$分，即 12：01

再加上散場與場地清潔消毒的 9 分鐘，要到 12：10 才能開放觀眾入座。

又由第 1 題可知，開演前 5 分鐘即可開放觀眾入座，所以下一個場次應在開放入座後的 5 分鐘開演，即 12：15

3.　6 場

由第 1、2 題可知，同一個影廳 2 個相鄰場次的間隔為 2 小時 45 分鐘 = 165 分鐘（即廣告 3 分鐘+正片 148 分鐘+散場清消 9 分鐘+入座 5 分鐘）。

從第 1 廳最早開演的 10：20 開始計算，可以推得第 1 廳下一場最早開演的場次為$(10+2)$時$(20+45)$分，即 13：05

按此規律，可列出第 1 廳一整天的場次如下表。

場次	一	二	三	四	五	六
開演時間	10：20	13：05	15：50	18：35	21：20	00：05

假設繼續推算第七場的開演時間，應為 02：50，但此場次播完的時間在 151 分鐘（即廣告 3 分鐘+正片 148 分鐘）後，顯然超過了營業結束時間，故第 1 廳一整天最多共可播放 6 場《蜘蛛人：無家日》。

4.　　3 個

根據表一的資訊，每個場次之間相隔 1 小時，但從第 3 題可知，同一個影廳 2 個相鄰場次間，至少要隔 165 分鐘，所以對應時刻表，2 個相鄰場次至少要隔 3 小時，才能安排在同一個影廳。

故按照間隔規律，加納戲院最少要用 3 個影廳來安排所有的場次，如下表所示，同一個底色的表示安排在同一個影廳的場次。

10：20	11：20	12：20	13：20	14：20	15：20	16：20
17：20	18：20	19：20	20：20	21：20	22：20	23：20

【把握足夠的啤酒泡沫】

影音詳解：

1.　是

因為啤酒開瓶後，二氧化碳從液體中釋出而形成泡沫，所以當二氧化碳減少時，泡沫會跟著消失，故泡沫的量會跟著減少。

2.　C

初始泡沫高度為 2 公分，經過 20 秒後，柚子記錄的泡沫高度 $= 2 \times \frac{3}{4} = \frac{3}{2}$ 公分。

3.　B

0 秒（剛倒完啤酒時），泡沫高度為 2 公分

20 秒後，泡沫高度為 $2 \times \frac{3}{4} = \frac{3}{2}$ 公分 > 1 公分

40 秒後，泡沫高度為 $\frac{3}{2} \times \frac{3}{4} = \frac{9}{8}$ 公分 > 1 公分

60 秒後，泡沫高度為 $\frac{9}{8} \times \frac{3}{4} = \frac{27}{32}$ 公分 < 1 公分

故當柚子觀察到泡沫高度變成初始的一半時，從剛倒完啤酒所經過的時間會落在 40～60 秒。

4.　否

根據第 2、3 題泡沫減少與時間之間的關係，當記錄到第 n 次時，泡沫高度為

(初始泡沫高度) $\times \left(\frac{3}{4}\right)^{n-1}$ 公分

分別將初始泡沫高度 2、6 公分每次記錄的泡沫高度推算出來，整理如右表。

記錄次數（次）	泡沫高度（公分）	
1	2	6
2	$2 \times \frac{3}{4} = \frac{3}{2}$	$6 \times \frac{3}{4} = \frac{9}{2}$
3	$\frac{3}{2} \times \frac{3}{4} = \frac{9}{8}$	$6 \times \left(\frac{3}{4}\right)^2 = \frac{27}{8}$
4	$\frac{9}{8} \times \frac{3}{4} = \frac{27}{32} < 1$	$6 \times \left(\frac{3}{4}\right)^3 = \frac{81}{32}$
5		$6 \times \left(\frac{3}{4}\right)^4 = \frac{243}{128}$
6		$6 \times \left(\frac{3}{4}\right)^5 = \frac{729}{512}$
7		$6 \times \left(\frac{3}{4}\right)^6 = \frac{2187}{2048}$
8		$6 \times \left(\frac{3}{4}\right)^7 = \frac{6561}{8192} < 1$

從表可知，初始泡沫高度 6 公分的那杯，記錄到第 8 次時才剛低於 1 公分，表示在 120～140 秒之間，泡沫高度會降到 1 公分。而初始泡沫高度 2 公分的那杯，會在 40～60 秒之間降到 1 公分。因為 3 分鐘 = 180 秒，雖然初始泡沫高度 6 公分降到 1 公分所需的時間比初始泡沫高度 2 公分的多，但多出的時間顯然地不到 180 秒。

【解開 GOOGLE 的面試考題】

影音詳解：

1. B

依題意，第一顆蛋從 10 樓開始丟，只要沒破，第二次就往上加 9 層，如果還是沒破，第三次則往上加 $9-1=8$ 層。
故這顆蛋總共被丟了 3 次。

2. D

依題意，讓蛋破掉的最低樓層，可能在最後一次往上加的 8 層中，而開始丟第二顆之前，第一顆已經從這當中的最高樓層丟下時破掉了。
所以第二顆蛋最多可能從剩下的 7 層丟下，都沒有破掉，此時讓蛋破掉的最低樓層，即第一顆丟下後破掉的那一樓，且第二顆蛋總共被丟了 7 次。
從第 1 題可知，此時第一顆蛋已經被丟了 3 次，故 2 顆蛋總共最多丟 $3+7=10$ 次。

3. 55 樓

從第 1 題可知，第一顆蛋一開始從 10 樓丟，只要沒破，第二次就往上加 9 層，如果還是沒破，接下來每次往上加的樓層數，都比前一次少 1 層。
按此規律，可推得一開始丟蛋的 10 樓，與每次往上加的樓層數，成一等差數列，其中首項為 10，公差為 -1，可再推得末項為 1，項數為 10
所以第一顆蛋最高可能從 $10+9+8+7+6+5+4+3+2+1=\frac{(10+1)\times 10}{2}=55$ 樓丟下，無法再往更高的樓層測試，故一開始從 10 樓丟第一顆蛋，最高可以測到 55 樓。

4. 12 樓

從第 1、2 題可知，一開始丟蛋的第 x 樓，與每次往上加的樓層數，成一等差數列，其中首項為 x，公差為 -1，所以可再推得末項為 1，項數為 x
因為大樓為 78 層樓，所以 $x+(x-1)+(x-2)+\cdots+2+1=78$，即 $\frac{x(x+1)}{2}=78$
化簡後可得 $x^2+x-156=0$，$(x-12)(x+13)=0$，$x=12$ 或 -13（負不合）
故佩佩應該從 12 樓開始丟第一顆蛋，且只要蛋沒有破掉，就依序往上加 11、10、⋯⋯、2、1 層樓，繼續丟同一顆蛋。無論蛋從這些樓層中的哪一樓丟下後破掉，最多都只需要丟 12 次（也就是一開始丟的樓層數），就能找出蛋最低從幾樓丟下時會破掉。

第二單元

【數學知識檢核】

- **變數與函數**

① D

(A) 同樣為 30 天的月分不只一個月，為一對多，所以 y 不是 x 的函數。

(B) 同樣售價的智慧型手機可能有多個品牌，為一對多，所以 y 不是 x 的函數。

(C) 同樣月分出生的同學，可能也有相同身高，為一對多，所以 y 不是 x 的函數。

(D) 同個班級只會計算出一個平均分數，所以 y 是 x 的函數。

② C

(C) 1 同時對到 1、3、5，為一對多，所以 y 不是 x 的函數。

③ A

依題意，可將公共腳踏車的租借時間與費用對應，舉例整理如下表。

租借時間（x 分鐘）	10	12	20	30	32	38	40	45	50	53	…
租借費用（y 元）	5	5	5	5	10	10	10	15	15	20	…

根據上表，每個租借時間（x）都恰可對應一個租借費用（y），所以 y 是 x 的函數。但同一個租借費用（y），可能對應到不只一個租借時間（x）。如表中的 $y=5$ 時，會對應到 $x=10,12,20$

所以 x 不是 y 的函數。

④ -5

將 $x=3$ 代入，可得 $y=-4\times3+7=-5$，故 $x=3$ 時的函數值即為 -5

- **線型函數**

① C

因為 $y=\frac{1}{3x}$ 的形式不為 $y=ax+b$，所以不是線型函數。

② B

依題意，一天早餐的費用為 20 元，所以吃了 x 天，共花費 $20x$ 元

故剩下的錢 $y=150-20x$

③ 16000

依題意，威威的最初投保年齡為 24 歲，故將 $x=24$ 代入關係式，即可求出每年應繳交的保費為 $y=13000+1500\times(24-22)=16000$ 元。

④ 99.5

依題意，關係式 $y=\frac{9}{5}x+32$ 中的 x 表示攝氏溫度，y 表示華氏溫度

將 $x=37.5$ 代入，可得 $y=\frac{9}{5}\times 37.5+32=99.5$

故攝氏 37.5 度對應的華氏溫度為 99.5 度。

⑤ 2.5

設番茄的重量為 x 公斤，付的錢為 y 元

則其關係式可表示為 $y=ax$

因為多買 1.5 公斤，須對應多付 30 元，所以 $30=1.5a$，可推得 $a=20$

故番茄重量與價錢的關係式為 $y=20x$

將原本付番茄的錢 250 代入，可得 $250=20x$，即對應買的番茄重量為 12.5 公斤

故空竹籃的重量為 $15-12.5=2.5$ 公斤。

- **線型函數的圖形**

① B

(B) 若 $a=0$、$b=0$，則函數 $y=0$，即為 x 軸。

② 8

$(-4,0)$ 代入 $y=2x+a$，得 $a=8$

③ B

(A) $7\times 1-2=5$

(B) $7\times 0-2=-2\neq 2$

(C) $7\times 3-2=19$

(D) $7\times(-1)-2=-9$

④ C

將 $(0,0)$代數各個式中，可得

(A) $\frac{1}{3}\times 0+\frac{2}{3}=\frac{2}{3}\neq 0$

(B) $-1\neq 0$

(C) $\frac{1}{333}\times 0=0$

(D) $(-1)\times 0+9=9\neq 0$

⑤ B

常數函數的形式為 $y=b$

因為其圖形會通過 $(-6,3)$，所以此常數函數為 $y=3$

故此圖形也會通過 y 坐標為 3 的點，即 $(0,3)$

⑥ C

因為函數 $y = -x + 9$ 的圖形通過 $(a, 0)$，所以將 $x = a$ 代入，可得 $-a + 9 = 0$

故 $a = 9$

同理，函數 $y = -x + 9$ 的圖形通過 $(0, b)$，將 $y = b$ 代入可得 $0 + 9 = b$

故 $b = 9$

【探索時區與經度的奧妙】

影音詳解：

1.　是

因為 360 個經度以 1 小時為單位劃分，且自轉一圈會經過 24 小時，故地球上有 24 個時區。

2.　是

因為每個地區都恰好對應 1 個可看到同步線上轉播的時段，所以「時區」是「地區」的函數。

3.　否

因為同樣 10/2 的 02:00~05:00 開演，可以對應到臺灣與香港兩個地區，也就是 1 個時區可以對應到 2 個不同的地區，不是恰好對應到 1 個地區，所以「地區」不是「時區」的函數。

4.

由第 1 題可知，地球上有 24 個時區，所以每個時區跨越 $360° \div 24 = 15°$

因為「經度為 15 的倍數」的經線會通過時區的正中央，所以從圖中的經線往左、右跨越 7.5°，就會是各時區的界線。

而時區是以整數標記，且在時區 0 東側的標記為正，所以每往東跨越 15°，時區就 +1。

相反地，在時區 0 西側的標記為負，每往西跨越 15°，時區就 −1

故可推得各時區及其界線的經度如下。

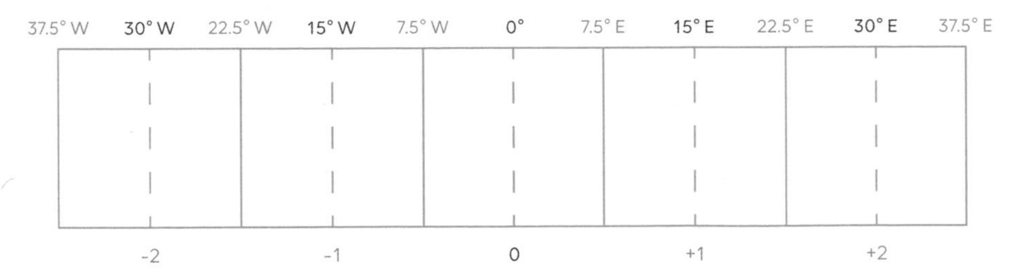

5.　+8

從第 4 題可知，時區的界線為「經度為 15 的倍數」的經線，往左、右跨越 7.5°

所以，從各地區的經度除以 15 後，若餘數沒有超過 7.5，則所得的商即為該地區所在的時區，與時區 0 相隔的時區數。反之，若餘數超過 7.5，所得的商還要再加 1，才會是與時區 0 相隔的時區數。

因為臺灣經度為 121°，且 $121 \div 15 = 8 \ldots 1$，$1 < 7.5$，可得知臺灣所在的時區，與時區 0 相隔 8 個時區。

又臺灣位在時區 0 的東側，故時區為 +8

【抓出恰到好處的洗衣精用量】

影音詳解：

1.　　B

從表二可知，中水位對應的水量為 70 公升。

2.　　B

從表二可知，低水位對應的水量為 55 公升。

而在表一中，因為沒有 55 公升的資訊，我們可以找最靠近的 2 個數值：

50 公升 → 0.6 瓶蓋；60 公升 → 0.8 瓶蓋。

又因 55 在 50 和 60 的正中間，因此也將 0.6 和 0.8 取中間值，即是 55 公升水位所需用的洗衣精量，也就是 0.7 瓶蓋。

3.　　$y=\frac{1}{50}x-\frac{2}{5}$

假設兩者之間的關係可以用一次函數 $y=ax+b$ 表示，其中 x 為水量（公升），y 為洗衣精用量（瓶蓋）。

把表一的資訊代入假設的函數關係式當中，以前兩列為例：

$$\begin{cases}80a+b=1.2\\70a+b=1\end{cases}$$

利用加減消去法，可化簡為 $10a=0.2$，推得 $a=0.02=\frac{1}{50}$

將 a 代回下式，可得到 $70\times\frac{1}{50}+b=1$，化簡後可知 $b=1-\frac{7}{5}=-\frac{2}{5}$

求出 a 與 b 後，即可知道原函數為 $y=\frac{1}{50}x-\frac{2}{5}$

4.　　0.24 瓶蓋

根據表二，極低水位的水量為 32 公升。

代入第 3 題求得的關係式，可得 $x=32$ 時，$y=\frac{1}{50}\times32-\frac{2}{5}=0.64-0.4=0.24$ 瓶蓋。

第三單元

【數學知識檢核】

- **角的關係與凸 n 邊形的角度**

① 134°

從圖中可知，$\angle 1$ 與 $\angle 2$ 為一組對頂角，所以 $\angle 1 = \angle 2$，即 $5x + 16 = 2x + 34$

$3x = 18$，可得 $x = 6$，所以 $\angle 1 = \angle 2 = 46°$

故 $\angle 3 = 180° - \angle 1 = 180° - 46° = 134°$

② 135°

因為正 n 邊形的一個內角度數 $= \frac{(n-2)\times 180°}{n}$

所以正八邊形的一個內角度數 $= \frac{(8-2)\times 180°}{8} = 135°$

③ 14°

根據三角形外角性質，任一外角等於其兩內對角之和，所以 $\angle B$ 的外角 $= \angle A + \angle C$

故 $\angle C = 60° - 46° = 14°$

- **尺規作圖**

① D

因為要大於 $\frac{1}{2}\overline{AB}$ 畫弧，才能讓兩弧交於相異兩點，所以 $r > \frac{1}{2}\overline{AB} = \frac{1}{2} \times 16 = 8$

故選 (D)

② B

依題意，$\overline{BD} = \overline{BC} - \overline{CD}$

根據步驟 2，$\overline{BC} = 2a$，且根據步驟 3，$\overline{CD} = b$，故 $\overline{BD} = 2a - b$

- **平面圖形的全等**

① 125°

因為四邊形 $ABCD$ 與四邊形 $EFGH$ 全等，且 A、B、C、D 的對應點分別為 E、F、G、H，所以 $\angle A = \angle E = 93°$，$\angle C = \angle G = 75°$，$\angle D = \angle H = 67°$

又四邊形內角和度數為 360°，所以 $\angle B = 360° - 93° - 75° - 67° = 125°$

- **三角形的全等性質及其應用**

① A

甲：僅形成 SSA，無法說明與 ΔABC 全等。

乙：可利用 SAS 全等性質，說明所作出的三角形與 ΔABC 全等。

丙：可利用 SSS 全等性質，說明所作出的三角形與 ΔABC 全等。

丁：可利用 RHS 全等性質，說明所作出的三角形與 ΔABC 全等。

② A

已知 $\overline{AD} = \overline{AD}$，$\angle CAD = \angle BAD$

(A) 加上 $\overline{BD} = \overline{CD}$，僅形成 SSA，無法說明全等。

(B) 加上 $\overline{AB} = \overline{AC}$，可利用 SAS 全等性質。

(C) 加上 $\angle ADB = \angle ADC$ ，可利用 ASA 全等性質。

(D) 加上 $\angle ABD = \angle ACD$ ，可利用 AAS 全等性質。

③ D

因為 L 為 $\overline{AB}$ 的中垂線，所以 $\angle PCA = \angle PCB = 90°$，$\overline{AC} = \overline{BC}$

又 $\overline{PC} = \overline{PC}$，所以 $\Delta PAC \cong \Delta PBC$ （SAS 全等）

$\Rightarrow \overline{PA} = \overline{PB}$ ，$\angle 1 = \angle 2$，$\angle 3 = \angle 4$，且 $\angle 2 + \angle 4 = \angle 2 + \angle 3 = 90°$

④ C

因為 $\overline{AB} = \overline{AC}$，$\overline{AD} = \overline{AD}$，$\angle BAD = \angle CAD$，所以 $\Delta ABD \cong \Delta ACD$（SAS 全等）

故 $\overline{BD} = \overline{CD}$，$\angle ADB = \angle ADC = 90°$

而 $\angle ABD$ 與 $\angle BAC$ 不一定相等，所以 $\angle CBE = \angle BAD$ 不一定正確。

⑤ A

(A) 因為 P 點落在 $\overline{AB}$ 的中垂線（即 L_1）上，所以根據中垂線的性質，$\overline{PA} = \overline{PB}$

(B) 若 $\overline{PB} = \overline{PC}$ 要成立，則 P 點應落在 $\overline{BC}$ 的中垂線上

但 $\overline{AB}$ 與 $\overline{AC}$ 長度不相等，L_2 不會是 $\overline{BC}$ 的中垂線，故 $\overline{PB} \neq \overline{PC}$

(C) 因為 $\overline{PA} = \overline{PB}$ 但 $\overline{PB} \neq \overline{PC}$，所以 $\overline{PA} \neq \overline{PC}$

(D) 雖然 L_2 為 $\angle BAC$ 的角平分線，可得 $\angle BAE = \angle CAE$，且有共用邊 $\overline{AE} = \overline{AE}$

但 $\overline{AB}$ 與 $\overline{AC}$ 長度不相等，所以 ΔABE 與 ΔACE 不全等，故 $\overline{BE} \neq \overline{EC}$

⑥ 120°

因為 ΔACD 為正三角形，所以 $\angle CAD = 60°$，且 $\overline{AC} = \overline{AD}$

又 $\overline{AB} = \overline{DE}$，$\overline{BC} = \overline{AE}$，所以 $\Delta ABC \cong \Delta DEA$（SSS 全等）

可推得 $\angle B = \angle E = 120°$，$\angle BCA = \angle EAD$，$\angle BAC = \angle EDA$

因為 $\angle BAC + \angle EAD = \angle EDA + \angle EAD = 180° - \angle E = 60°$

故 $\angle BAE = \angle BAC + \angle CAD + \angle EAD = 60° + 60° = 120°$

- **三角形的邊角關係**

① C

因為 $\overline{AC} < \overline{AB}$，所以 $\angle ABC < \angle ACB$

又 $\angle ABC + \angle 1 = 180° = \angle ACB + \angle 2$

故 $\angle 1 > \angle 2$

又 $\overline{AC} = \overline{BC}$，所以 $\angle A = \angle ABC$

故 $\angle A + \angle 1 = 180° > \angle A + \angle 2$

② B

因為三角形內角和為 180°，所以 $\angle C = 180° - \angle A - \angle B = 85°$

故 $\angle C > \angle A > \angle B$

根據大角對大邊的性質，可推得 $\overline{AB} > \overline{BC} > \overline{AC}$

③ A

因為 $\angle B = 60°$，且三角形內角和為 180°

所以 $\angle A + \angle C = 180° - \angle B = 120°$

又 $\angle A < \angle C$，所以 $\angle A < 60° < \angle C$，即 $\angle A < \angle B < \angle C$

根據大角對大邊的性質，可推得 $\overline{BC} < \overline{AC} < \overline{AB}$

故 $\overline{AB}$ 最長，$\overline{BC}$ 最短。

【探索艾雪藝術的設計】

影音詳解：

1. **是**

將正方形甲上的每個點，往右移動 1 倍正方形邊長的距離，即可與正方形乙重合。

2.

鏡射後的圖案如下圖的紅色正方形。

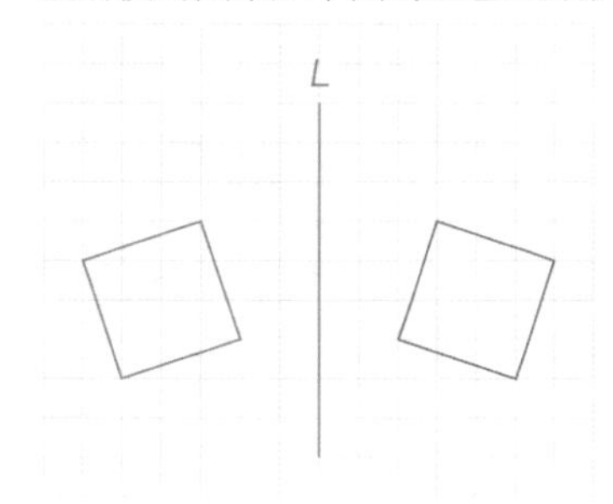

3. **A**

因為旋轉時會將圖形上的所有點轉到指定的位置，所以我們可以圖形上比較容易觀察的部分判斷。

區塊 X 包含了 $\overline{AB}$，可以先觀察 $\overline{AB}$ 以 A 點為中心，逆時針旋轉 90° 後的位置。

因為正方形 1 個內角為 90°，所以 $\overline{AB}$ 逆時針旋轉後，應轉到正方形 $ABCD$ 的上方，即 $\overline{AD}$

故區塊 X 逆時針旋轉後的圖案，應如選項 A 所示。

4.

將區塊 P 以鉛直線鏡射後平移到區塊 p。

將區塊 Q 以水平線鏡射後平移到區塊 q。

將區塊 R 以 E 點往順時針旋轉180°後平移到區塊r。

※此題答案不只 1 種，上述說明僅供參考。

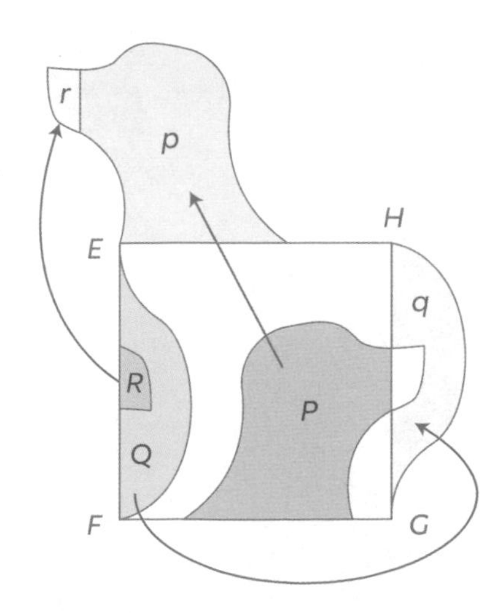

5.

完成的一部分畫面如下。

【善用碎片重製澤立吉】

影音詳解：

1.　三角形

從圖三可知，此形狀由 3 條邊 $\overline{AB}$、$\overline{BC}$、$\overline{AC}$ 組成，故為三角形。

2.　D

因為要能緊密地排列在一起鋪滿平面，所以這些角度加起來的度數應為 360°

3.　$\angle EAF$

因為 A 點落在 $\overline{BE}$、$\overline{CF}$ 上，所以 $\angle BAC$ 跟 $\angle EAF$、$\angle CAE$ 與 $\angle FAB$ 分別形成 2 組對頂角。
又同一組對頂角的兩角必相等，故 $\angle BAC$ 的度數會跟 $\angle EAF$ 相等。

4.　能，他應該選甲碎片

為了畫出 ΔABC，阿金要從甲、乙、丙、丁碎片中，選出足以確認與 ΔABC 全等的那 1 塊。
甲：包含完整的 $\angle A$、$\angle B$ 跟 $\overline{AB}$，可利用 ASA 全等性質畫出一模一樣的 ΔABC。
乙：在 ΔABC 的內部，無法確認它的邊與角。
丙：僅包含完整 $\angle C$ 跟部分的 $\overline{AC}$、$\overline{BC}$，不足以確認 ΔABC 的形狀與大小。
丁：僅包含部分的 $\overline{BC}$，不足以確認 ΔABC 的形狀與大小。
故阿金拿甲碎片的話，就能畫出跟 ΔABC 一模一樣的三角形了。

【分析最佳的倉儲中心位置】

影音詳解：

1.　　是

因為三角形內角和度數為 180°，且正三角形 3 個內角度數皆相等，
所以正三角形 ABE 中 1 個內角度數是 $180° \div 3 = 60°$

2.

因為 ΔABE 是 1 個正三角形，且 $\overline{DA}$、$\overline{DF}$、$\overline{AF}$ 三段等長，ΔADF 也是 1 個正三角形，所以 $\angle DAF = \angle BAE = 60°$
又 $\angle DAF = \angle DAB + \angle BAF$，$\angle BAE = \angle FAE + \angle BAF$，即 $\angle DAB + \angle BAF = \angle FAE + \angle BAF$
故 $\angle DAB = \angle FAE$

3.

將圖三中的 $\overline{FE}$ 連線，如右圖所示。
在 ΔADB 與 ΔAFE 中，
$\overline{AD} = \overline{AF}$（從第 2 題可知）
$\angle DAB = \angle FAE$（從第 2 題可知）
$\overline{AB} = \overline{AE}$（因為 ΔAEB 是正三角形）
所以 $\Delta ADB \cong \Delta AFE$（SAS 全等）
故可推得兩三角形的 3 組對應邊皆等長，即 $\overline{BD} = \overline{FE}$

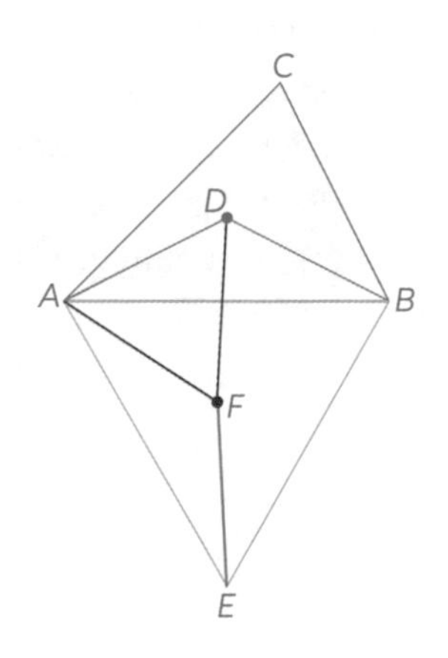

4.　　$\overline{CE}$

因為 C、E 兩點位置固定，且從第 2、3 題可知，利用正三角形作出與 $\overline{DA}$ 等長的 $\overline{DF}$ 後，$\overline{BD}$ 就會跟 $\overline{FE}$ 等長，所以 ΔABC 內部的任何一點到三頂點的距離總和，都可以用 C、E 兩點之間的連線段總和表示（即 $\overline{CD} + \overline{AD} + \overline{BD} = \overline{CD} + \overline{DF} + \overline{FE}$）。
所以，要找出 ΔABC 內部中的一點，使得它到三頂點的距離總和最小，就表示要找出 C、E 兩點之間的最短距離。
而兩點之間的最短距離是直線，也就是當 C、E 兩點之間的連線段形成 1 條直線的時候，所以倉儲中心的新位置一定要坐落在 $\overline{CE}$ 上。
故哈博克應該要建議公司從 $\overline{CE}$ 上進一步決定倉儲中心的新位置。

【估算疫情下的演唱會收益】

影音詳解：

1.　B

3 個邊均等長的三角形為正三角形。

2.　C

以小柯為中心點，可以向外畫出 6 個密鋪的正三角形，形成 1 個正六邊形，故旁邊最多可以站 6 個人。

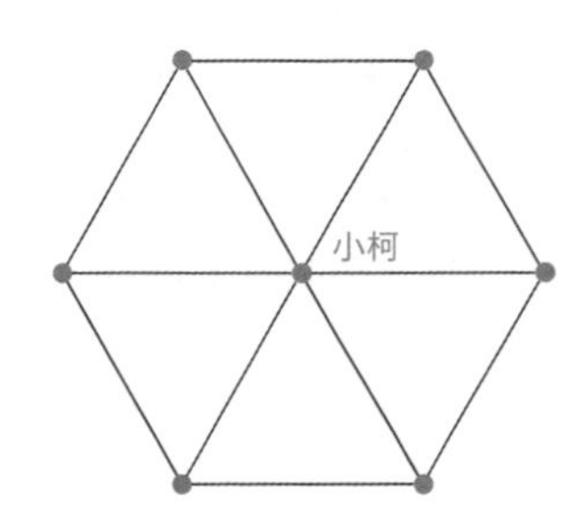

3.　D

觀眾 A、B 與附近觀眾所圍成的區域，可以看做是 2 個上下相反交疊在一起的正三角形，因此觀眾 A、B 的距離為正三角形的高 × 2

又正三角形的高 ＝ 邊長 $\times\frac{\sqrt{3}}{2}=\frac{\sqrt{3}}{2}$ 公尺，所以可推得觀眾 A 與觀眾 B 相距 $2\times\frac{\sqrt{3}}{2}=\sqrt{3}$ 公尺。

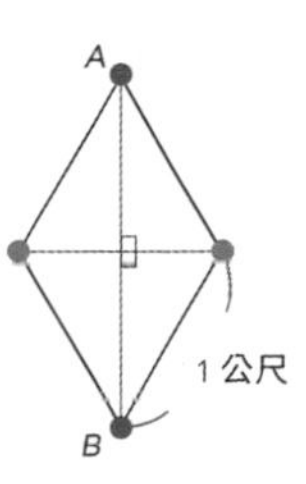

4.　26036 人

首先來計算這個場地可容納的正六邊形數量。

如圖，正六邊形橫的長度是 2 公尺，可推得一橫列可放 $150\div2=75$ 個正六邊形。

正六邊形直的長度是 $\sqrt{3}$ 公尺（也就是第 3 題中觀眾 A 與觀眾 B 的距離），可推得一直行可放 $149\div\sqrt{3}\fallingdotseq86$ 個正六邊形。

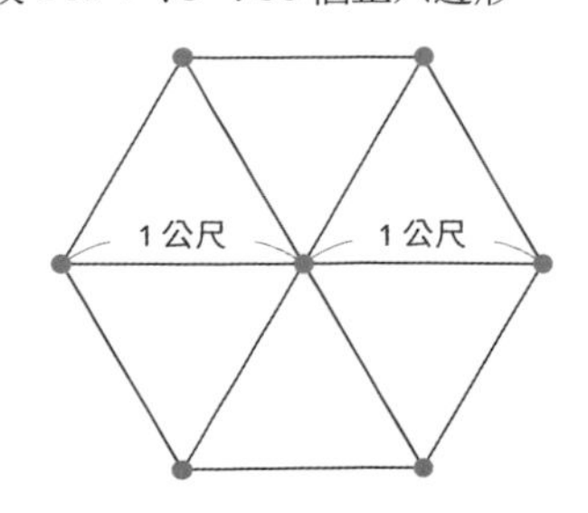

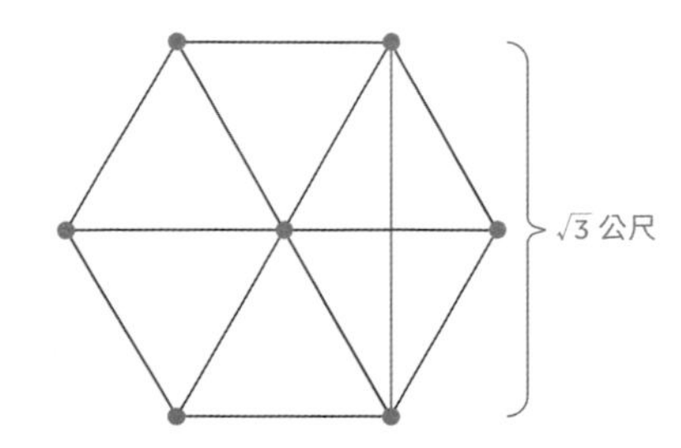

綜合上述，這個場地可用正六邊形排出 86 個橫列，每列有 75 個正六邊形。
由上到下，第一列的正六邊形人數有 $7 + 6 \times (75 - 1) = 451$ 人，
接下來第 2～86 列的正六邊形人數有 $[5 + 4 \times (75 - 1)] \times 85 = 25585$ 人。
故這個場地最多可容納 $451 + 25585 = 26036$ 人。

5.　　6,982,000 元

原本的場地可容納 40000 人，而從第 4 題可知，在符合社交距離 1 公尺的規範下，最多可容納 26036 人。
因此，在所有座位全部售出的情形下，主辦單位仍會少賺
$(40000 - 26036) \times 500 = 6{,}982{,}000$ 元。

【找出蜂窩構造的秘密】

影音詳解：

1.　　是

因為正多邊形的定義為所有邊長皆相等且所有內角也相等的多邊形，故正六邊形的所有邊長皆相等。

2.　　正三角形、正方形

因為正三角形 1 個內角為 $60°$，且 $60° \times 6 = 360°$，所以 6 個正三角形可以達到緊密、不重疊且沒有縫隙的效果。

又正方形 1 個內角為 $90°$，且 $90° \times 4 = 360°$，所以 4 個正方形也可以達到一樣的效果。

3.　　正六邊形 > 正方形 > 正三角形

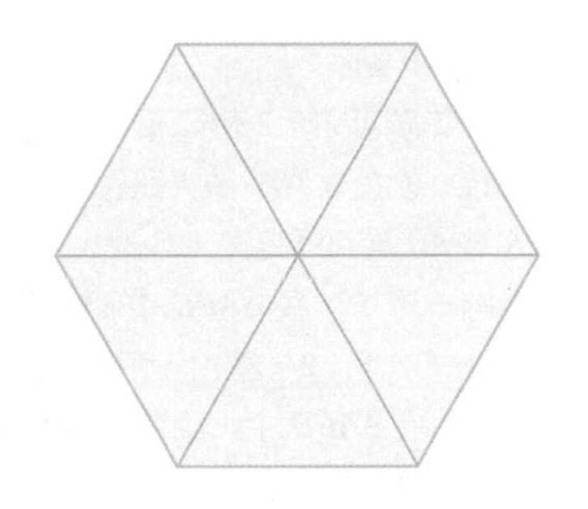

正六邊形可由 6 個正三角形組成，如右圖所示。

故正六邊形邊長為 $0.5 \div 2 = 0.25 = \frac{1}{4}$ 公分，其周長為 $\frac{1}{4} \times 6 = \frac{3}{2}$ 公分、面積為 $[\frac{\sqrt{3}}{4} \times (\frac{1}{4})^2] \times 6 = \frac{3\sqrt{3}}{32}$ 平方公分。

相同周長的情形下，正三角形的邊長為 $\frac{3}{2} \div 3 = \frac{1}{2}$ 公分，

其面積為 $\frac{\sqrt{3}}{4} \times \left(\frac{1}{2}\right)^2 = \frac{\sqrt{3}}{16}$ 平方公分，

而正方形的邊長為 $\frac{3}{2} \div 4 = \frac{3}{8}$ 公分，其面積為 $\left(\frac{3}{8}\right)^2 = \frac{9}{64}$ 平方公分。

因為 $\frac{3\sqrt{3}}{32} = \frac{6\sqrt{3}}{64}$，$\frac{\sqrt{3}}{16} = \frac{4\sqrt{3}}{64}$，且 $6\sqrt{3} \fallingdotseq 10.2$，$4\sqrt{3} \fallingdotseq 6.8$，所以 $\frac{6\sqrt{3}}{64} > \frac{9}{64} > \frac{4\sqrt{3}}{64}$，

即面積大小關係為正六邊形 > 正方形 > 正三角形。

4.　　正六邊形

由第 3 題可知，當周長相同時，面積大小為正六邊形 > 正方形 > 正三角形。

因為對同一種形狀來說，面積與邊長成平方比，即面積愈大，邊長就愈長。所以當面積相同時，這些正多邊形的周長大小排序就與面積相反，即正六邊形 < 正方形 < 正三角形。

故使用空間相同的情形下，表示圖形所占的面積相同時，正六邊形的周長比其他 2 種正多邊形都還要小，故正六邊形可以使蜜蜂用最少的蜂蠟圍出蜂窩。

【規劃塔防遊戲的攻略】

影音詳解：

1.　從 B 點出發，直接前往 A 點

因為塔防遊戲的敵人，都會自動選擇最短路徑前往堡壘，由三角形兩邊之和大於第三邊可知，位在 B 點的敵人應該從 B 點出發，直接前往 A 點。

2.　D

從第 1 題可知，位在 B 點的敵人會從 B 點出發，直接前往 A 點。同理可知，位在 D 點的敵人會從 D 點出發，直接前往 A 點。

所以比利卡的 2 個障礙物，應該放在 $\overline{DA}$、$\overline{AB}$ 上，才能阻擋敵人讓他們繞道，延長抵達堡壘的時間。

3.　B 點

從第 2 題可知，2 個障礙物應放在 $\overline{DA}$、$\overline{AB}$ 上，才能讓 B、D 點的敵人走別條路徑。

此時，位在 B 點的敵人路徑會改成 $B \rightarrow C \rightarrow A$；位在 D 點的敵人路徑會改成 $D \rightarrow C \rightarrow A$

因為 $\overline{AC}$ 為共同路徑，且敵人移動速度都一樣，所以關鍵在於 $\overline{BC}$ 與 $\overline{CD}$ 的路徑長短。

從圖一可知，在 ΔABC 中，因為 $\angle ABC = 60°$ 且 $\angle 4 > \angle 2$，所以由三角形內角和 $180°$ 可知，$\angle 4 > 60° > \angle 2$，再由大角對大邊可知 $\overline{AB} > \overline{AC} > \overline{BC}$

同理，在 ΔACD 中，因為 $\angle ADC = 60°$ 且 $\angle 1 > \angle 3$，所以由三角形內角和 $180°$ 可知，$\angle 1 > 60° > \angle 3$，再由大角對大邊可知 $\overline{CD} > \overline{AC} > \overline{DA}$

綜合上述，可推得 $\overline{CD} > \overline{AC} > \overline{BC}$，所以從 B 點出發的敵人，會比較快抵達堡壘。

4.　$\overline{DA}$

根據圖一，$\overline{DC}$、$\overline{CA}$、$\overline{BC}$ 都不可能放障礙物，因為從 B、D 點出發的敵人還是可以走最近的 $\overline{AB}$、$\overline{DA}$，所以只能從 $\overline{AB}$、$\overline{DA}$ 選擇。

如果放在 $\overline{AB}$，則從 B 點出發的敵人路徑會改成 $B \rightarrow C \rightarrow A$，但從 D 點出發的敵人還是可以走 $\overline{DA}$。此時 2 個敵人走的路徑總和為 $\overline{BC} + \overline{CA} + \overline{DA}$

如果放在 $\overline{DA}$，則從 D 點出發的敵人路徑會改成 $D \rightarrow C \rightarrow A$，但從 B 點出發的敵人還是可以走 $\overline{AB}$。此時 2 個敵人走的路徑總和為 $\overline{AB} + \overline{DC} + \overline{CA}$

因為在 ΔABC 中，$\overline{AB} > \overline{BC}$，且在 ΔACD 中，$\overline{DC} > \overline{DA}$，

所以 $\overline{AB} + \overline{DC} > \overline{BC} + \overline{DA}$，不等號兩側同時加上 $\overline{CA}$，可得 $\overline{AB} + \overline{DC} + \overline{CA} > \overline{BC} + \overline{CA} + \overline{DA}$

故這個障礙物應該放在 $\overline{DA}$，才能讓從 B、D 點出發的敵人抵達堡壘的路徑總和最長。

第四單元

【數學知識檢核】

- **平行線的截角性質與判別**

① C

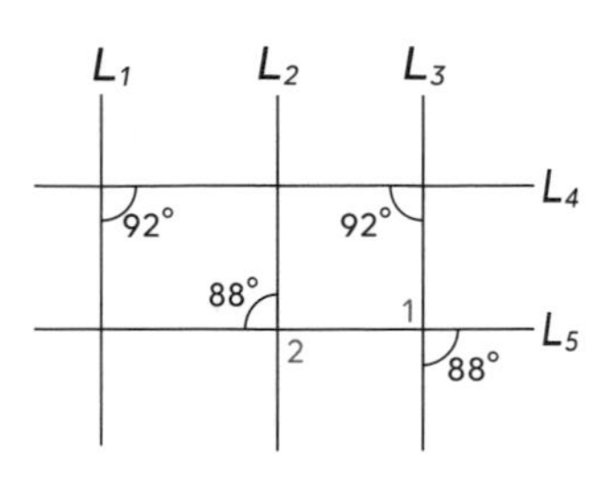

L_1 和 L_3 因為同側內角不互補（$92° + 92° \neq 180°$），所以 L_1 和 L_3 不平行。

又 $\angle 1 = \angle 2 = 88°$（對頂角相等），所以根據內錯角相等，推得 L_2 和 L_3 平行。

② 53°

因為 $L_1 // L_2$，且 L_3 為兩直線的截線，所以 $\angle 1 + \angle 2 = 180°$（同側內角互補）

又 $\angle 1 = 127°$，故 $\angle 2 = 180° - \angle 1 = 53°$

③ 55°

因為 $L_1 // L_2$，所以 $a + 50° = 105° + b = 180°$（同側內角互補）

故 $a = 130°$，$b = 75°$，可推得 $a - b = 130° - 75° = 55°$

④ 35°

因為三角形內角和為 180°，所以 $\angle PRQ + 90° + a = 180°$

又 $L_1 // L_2$ 且 L_3 為兩直線的截角，所以 $\angle PRQ = 180° - 125° = 55°$

故 $a = 180° - 90° - 55° = 35°$

- **平行四邊形的性質與判別**

① A

平行四邊形對角線互相平分，但不一定相等。

② 73°

$\angle BEC = \angle ABE$（平行四邊形 $ABCD$ 中，兩組對邊平行，即 $\overline{AB} // \overline{CD}$）

$= \angle ABC - \angle CBE$

$= \angle D - \angle CBE$（平行四邊形 $ABCD$ 中，兩組對角分別相等，即 $\angle ABC = \angle D$）

$= 95° - 22° = 73°$

③ 60°

因為 $\overline{BE} = \overline{CD} = \overline{AB}$（平行四邊形 $ABCD$ 中，兩組對邊分別等長，即 $\overline{BE} = \overline{AB}$）

所以 ΔABE 為等腰三角形，可推得 $\angle A = \angle BEA = 60°$

又三角形內角和為 180°，故 $\angle ABE = 180° - \angle A - \angle BEA = 60°$

- **長方形、正方形、菱形與箏形的性質與判別**

① C

梯形的兩底角相等時，可利用三角形 SAS 全等性質（兩腰等長、共用底邊、兩底角相等），推得兩對角線等長，此時梯形才是等腰梯形。

② C

因為 $ABCD$ 為平行四邊形，所以 $\overline{AB}$ // $\overline{CD}$，$\overline{AD}$ // $\overline{BC}$

又內錯角相等，可推得 $\angle 2 = \angle 3$，$\angle 1 = \angle 4$

若加上 $\angle 3 = \angle 4$，則 $\angle 1 = \angle 2 = \angle 3 = \angle 4$，利用三角形 ASA 全等性質，可推得 ΔABC、ΔADC 為全等的等腰三角形，使得四邊形 $ABCD$ 的四邊等長，此時四邊形 $ABCD$ 即為菱形。

③ 20

因為菱形的對角線會互相垂直平分，

根據畢氏定理，菱形 $ABCD$ 的一邊長 $\overline{AB} = \sqrt{\left(\frac{\overline{AC}}{2}\right)^2 + \left(\frac{\overline{BD}}{2}\right)^2} = \sqrt{3^2 + 4^2} = 5$

又菱形為四邊等長的四邊形，故菱形 $ABCD$ 的周長 $= 5 \times 4 = 20$公分。

④ 54°

因為正方形為四內角皆為 90° 的四邊形，所以 $\angle 3 = 90° - \angle 1 = 54°$

又四邊形 $ABHG$中，$\angle ABH = \angle AGH = 90°$，且四邊形內角和為 360°

所以 $\angle 3 + \angle 4 = 360° - \angle ABH - \angle AGH = 180°$，可推得 $\angle 4 = 180° - \angle 3 = 126°$

故 $\angle 2 = 180° - \angle 4 = 54°$

- **梯形與等腰梯形的性質**

① 5

因為 E、F 分別為 $\overline{AD}$、$\overline{BC}$ 的中點，所以 $\overline{EF} = \frac{\overline{AB}+\overline{CD}}{2}$

$10 = \frac{\overline{AB}+15}{2}$，可推得 $\overline{AB} = 5$

② 43

因為 E、F 分別為 $\overline{AB}$、$\overline{CD}$ 的中點，所以 $\overline{EF} = \frac{\overline{AD}+\overline{BC}}{2} = 11$，可推得 $\overline{AD} + \overline{BC} = 22$

故梯形 $ABCD$ 的周長 $= \overline{AB} + \overline{BC} + \overline{CD} + \overline{AD} = 9 + 12 + 22 = 43$

③ $6\sqrt{3}$

作 $\overline{DE} \perp \overline{BC}$，並與 $\overline{BC}$ 交於 E 點，

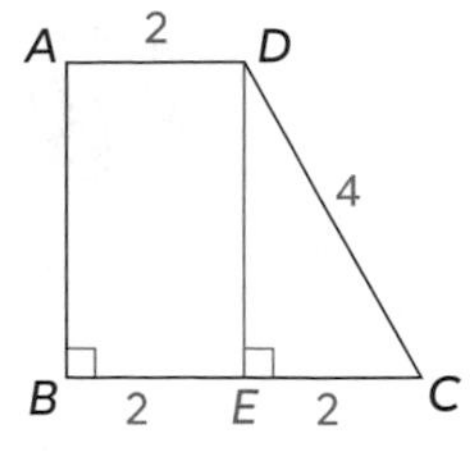

因為 $\overline{AD} \,/\!/\, \overline{BC}$ 且 $\angle B = 90°$，可得四邊形 $ABED$ 為長方形

又 $\overline{BC} = \overline{CD} = 2\overline{AD} = 4$，可推得 $\overline{BE} = \overline{AD} = 2$，

$\overline{CE} = \overline{BC} - \overline{BE} = 2$

根據畢氏定理，梯形 $ABCD$ 的高 $\overline{DE} = \sqrt{4^2 - 2^2} = 2\sqrt{3}$

故梯形 $ABCD$ 的面積 $= \frac{(\overline{AD}+\overline{BC})\times\overline{DE}}{2} = \frac{(2+4)\times 2\sqrt{3}}{2} = 6\sqrt{3}$

④ A

因為四邊形 $ABCD$ 中，$\overline{AD} \,/\!/\, \overline{BC}$，所以四邊形 $ABCD$ 為一個梯形。

因此，加上的條件，要能讓兩腰等長、兩底角相等，才能讓梯形 $ABCD$ 為等腰梯形。

(A) 此條件無法推得梯形 $ABCD$ 兩腰等長、兩底角相等。

(B) 因為 $\overline{AD} \,/\!/\, \overline{BC}$，所以 $\angle A + \angle B = 180°$ 且 $\angle C + \angle D = 180°$（同側內角互補）。

加上 $\angle B + \angle D = 180°$，可推得 $\angle A = \angle D$ 且 $\angle B = \angle C$，滿足兩底角相等。

(C) 同(B)，加上 $\angle A + \angle C = 180°$，可推得 $\angle A = \angle D$ 且 $\angle B = \angle C$，滿足兩底角相等。

(D) $\overline{BD} = \overline{AC}$ 表示梯形 $ABCD$ 兩對角線等長

分別從 A、D 點作 $\overline{BC}$ 的高，並分別與 $\overline{BC}$ 交於 E、F 點

因為 $\overline{AE} = \overline{DF}$（平行線間處處等距）

$\overline{BD} = \overline{AC}$（已知）

$\angle AEC = \angle DFB = 90°$

所以 $\Delta AEC \cong \Delta DFB$（RHS 全等），可推得 $\angle DBC = \angle ACB$

又 $\overline{BD} = \overline{AC}$，$\angle DBC = \angle ACB$，$\overline{BC} = \overline{BC}$

因此 $\Delta ABC \cong \Delta DCB$（SAS 全等），可推得 $\overline{AB} = \overline{CD}$，即兩腰相等

故此條件可讓梯形 $ABCD$ 為等腰梯形。

【發掘輪子的另一種可能】

影音詳解：

1.　　是

如圖，圓上的點都跟圓心等距離（即半徑），由三角形兩邊之和大於第三邊的性質，可知除了直徑上的兩端點之外，圓上任兩點之間的長度，都小於半徑長度的 2 倍（即直徑），故直徑為圓上任意兩點間最長的長度。

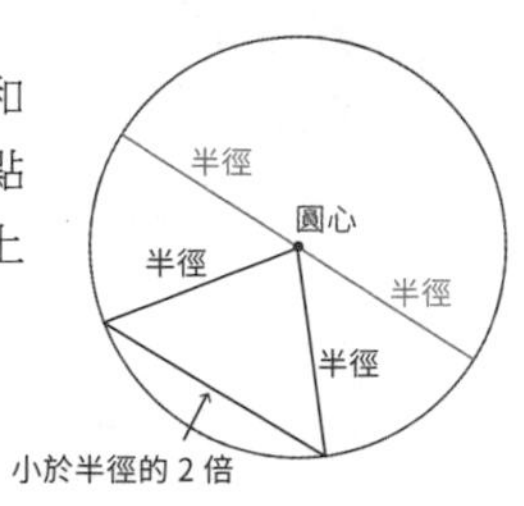

2.

作圖步驟	圖例
1. 任取一點 A，並以 A 點為圓心，適當的半徑畫出圓 A。	
2. 任取圓 A 上的一點 B，並以 B 點為圓心，圓 A 半徑畫圓，兩圓交於其中一點 C。	
3. 以 C 點為圓心，圓 A 半徑畫圓。則中央由 A、B、C 與弧線所圍成的圖形（如圖中塗色區域），即為勒洛三角形。	

3.　　是

因為勒洛三角形中 A、B、C 三點，皆為圓上的點，也是圓心，且這些圓的半徑也都是圓 A 的半徑，所以它們三點之間的距離，都恰好跟圓 A 的半徑長相等。

4.　是

因為勒洛三角形 ABC 中最長的長度為 $\overline{AB}$，且從第 3 題可知，各頂點之間的距離都相等，即皆為 $\overline{AB}$ 的長度，所以在勒洛三角形 ABC 滾動的過程中，它的高度都維持在最長的長度 $\overline{AB}$，如下圖所示。

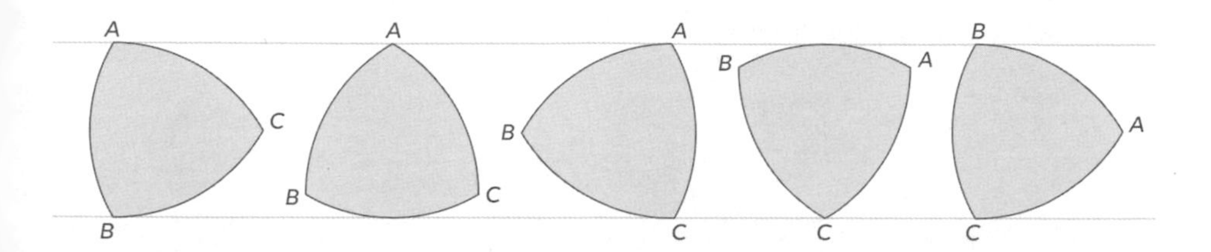

因此在運行過程中，水平地面與平台之間的距離處處相等（即 $\overline{AB}$），讓整個運行過程維持平穩。

故根據平行線的性質，水平地面與輪子上的平台是互相平行的。

【摺出能一刀剪下二階菱的方法】

影音詳解：

1.　　是

根據定義，菱形為四邊等長的四邊形。

2.

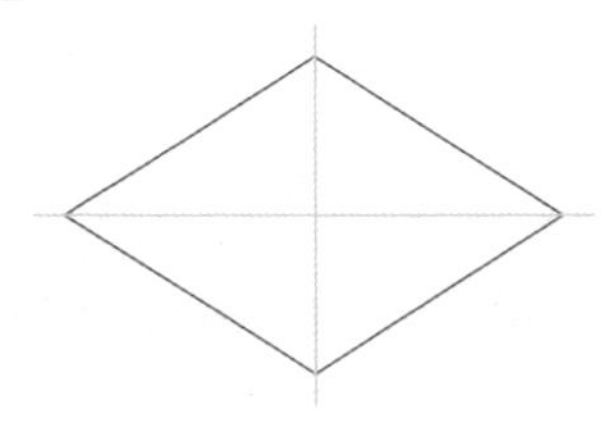

3.

因為對摺後，摺線兩側所剪的圖形，會以摺線為對稱軸互相對稱，

所以剪下直角三角形後，展開 1 次摺線，就從直角三角形變成等腰三角形，

再展開 1 次摺線，就從等腰三角形展開成菱形。

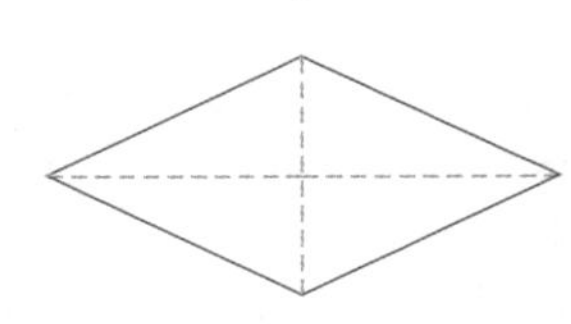

4.

因為沿著水平直線摺後，$\overline{AB}$ 與 $\overline{BC}$ 疊在一起，所以沿著過 D 點的水平直線摺後，也能讓 $\overline{CD}$ 與 $\overline{DE}$ 疊在一起，

而為了讓 $\overline{BC}$ 與 $\overline{CD}$ 疊在一起，此摺線需要過 C 點，且摺線與 $\overline{BC}$、$\overline{CD}$ 的夾角要相同，即為銳角 $\angle BCD$ 的角平分線。

從上述摺紙與線段疊在一起的情形，可發現在步驟一摺出的圖案中，$\overline{AB}$、$\overline{BC}$、$\overline{CD}$、$\overline{DE}$ 皆疊在一起，形成一條線，故可沿著這條線完成一刀剪下圖一的圖案。

【研究東奧會徽的創作秘辛】

影音詳解：

1. 否

因為正五邊形的內角是鈍角，而銳角 $\angle ABC$ 不是鈍角，不可能放得下 1 個正五邊形。

2. B

因為以鑲嵌的方式組成，所以中間會剛好組成 360°

故 $\angle DEF = 360° - 150° \times 2 = 60°$

3.

因為菱形為四邊等長的四邊形，且透過鑲嵌的方式組成，重疊的 3 組邊剛好完全貼合，故這 3 個菱形的周長皆相等。

4.

從四邊形內角和為 360°，可知菱形甲、乙、丙的另一組對角度數分別為 90°、120°、150°

選甲菱形 2 個、乙菱形 2 個，組出如右的圖案

（$90° + 120° + 90° + 60° = 360°$）

※此題答案不只 1 種，上述說明僅供參考。

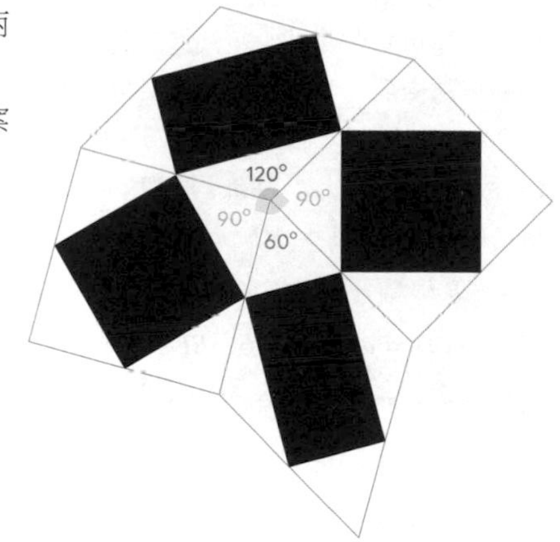

【探索藻井的圖形設計】

影音詳解：

1.　　是

從圖一中可看出，愈往中央（內縮）的正八邊形邊長，比外層的正八邊形還小。

2.　　梯形

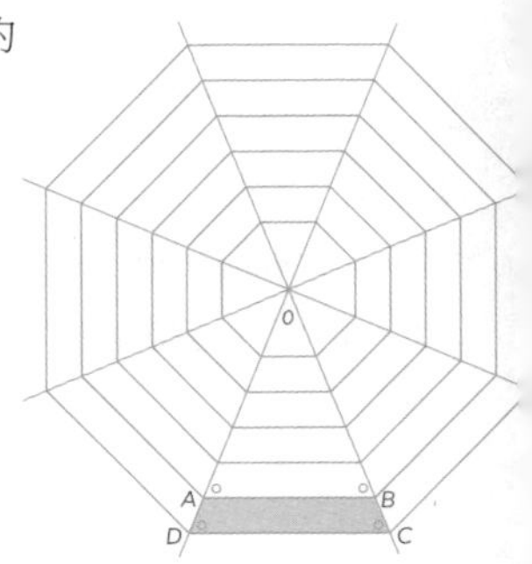

圖二中的連線，剛好為正八邊形的對稱軸，所以每個正八邊形的內角，都會被這些連線平分。

假設塗色四邊形區域為 $ABCD$，藻井的中心點為 O

由上述可知，$\angle OAB = \angle ODC = \angle OCD = \angle OBA$

根據平行線的判別性質，可得 $\overline{AB} // \overline{CD}$（同位角相等），

且 $\overline{AC}$ 與 $\overline{BD}$ 不平行，所以四邊形 $ABCD$ 為梯形。

3.　　$2b - a$

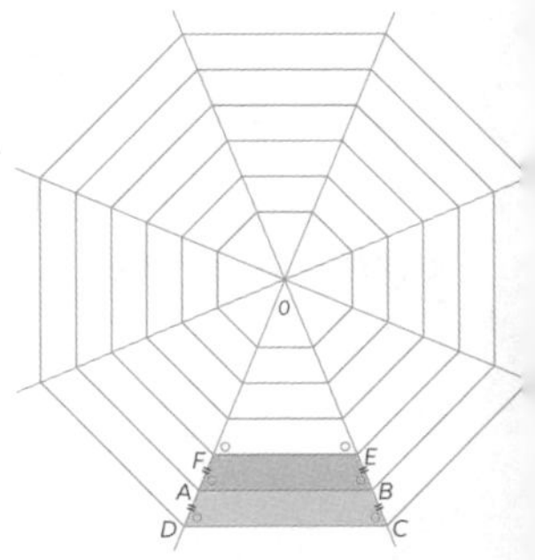

從第 2 題可知，藻井中正八邊形上的連線，切割出的每個四邊形區域皆為梯形，如圖中的梯形 $ABCD$（橘色區域）、梯形 $ABEF$（粉紅色區域），因此可推得四邊形 $EFDC$ 也是 1 個梯形。

因為同一條連線上，相隔 1 層的 2 個正八邊形頂點之間距離都一樣，即圖中的 $\overline{FA} = \overline{AD}$、$\overline{EB} = \overline{BC}$

故 A、B 兩點分別為梯形 $EFDC$ 兩腰的中點，即 $\frac{\overline{EF}+\overline{CD}}{2} = \overline{AB}$

又已知 $\overline{CD} = a$、$\overline{AB} = b$、$\overline{EF} = c$，

故可推得 $c = \overline{EF} = 2 \times \overline{AB} - \overline{CD} = 2b - a$

4.　　否

假設日向能找出此固定比例。

依題意，第一層與第二層的邊長比例，跟第二層與第三層的邊長比例固定，可列出 $\frac{\overline{AB}}{\overline{CD}} = \frac{\overline{EF}}{\overline{AB}}$

從第 3 題可知，$\frac{b}{a} = \frac{2b-a}{b}$，可推得 $b^2 = 2ab - a^2$，$a^2 - 2ab + b^2 = 0$

利用差的平方公式，可推得 $(a - b)^2 = 0$，即 $a = b$

但此與藻井的正八邊形愈往內縮，邊長就會愈小的現象矛盾，故日向無法找出此固定比例。

Facebook

YouTube